Rookie
Español
Geografía

Nueva York

por Sarah De Capua

Consultore
Nanci R. Vargus, Ed.D.
Profesora asistente de lectura
Universidad de Indianápolis
Indianápolis, Indiana

Traductora
Eida DelRisco

Children's Press®
Una división de Scholastic Inc.
Nueva York   Toronto   Londres   Auckland   Sydney
Ciudad de México   Nueva Delhi   Hong Kong
Danbury, Connecticut

Diseño: Herman Adler Design
Investigadora de fotografías: Caroline Anderson
La foto de la cubierta muestra el Parque Estatal de Adirondack, en Nueva York.

Información de Publicación de la Biblioteca del Congreso de los EE.UU.

De Capua, Sarah.
 [New York. Spanish]
 Nueva York / Sarah De Capua.
 p. cm. — (Rookie español geografía)
Incluye un índice.
ISBN 0-516-25109-0 (lib. bdg.)   0-516-25515-0 (pbk.)
1. Nueva York (estado) —Literatura juvenil. 2. Nueva York (estado) —Geografía—
Literatura juvenil. I. Título. II. Series.
 F119.3.D413 2004
 974.7'1—dc22
                                    2004005002

¿Sabes dónde puedes encontrar las montañas Adirondack?

¡En el estado de Nueva York! ¿Puedes localizar Nueva York en este mapa? Está en el noreste de Estados Unidos.

CANADÁ

WASHINGTON

OREGON

IDAHO

MONTANA

DAKOTA DEL NORTE

MINNESOTA

WISCONSIN

MICHIGAN

NUEVA HAMPSHIRE

VERMONT

MAINE

DAKOTA DEL SUR

WYOMING

NEBRASKA

IOWA

NUEVA YORK

MASSACHUSETTS

RHODE ISLAND

CONNECTICUT

NEVADA

UTAH

COLORADO

KANSAS

ILLINOIS

INDIANA

OHIO

PENSILVANIA

NUEVA JERSEY

DELAWARE

WEST VIRGINIA

MARYLAND

CALIFORNIA

ARIZONA

NUEVO MÉXICO

OKLAHOMA

ARKANSAS

MISSOURI

KENTUCKY

TENNESSEE

VIRGINIA

Washington, D.C.

CAROLINA DEL NORTE

ALABAMA

GEORGIA

CAROLINA DEL SUR

TEXAS

MISSISSIPPI

LOUISIANA

FLORIDA

ALASKA

CANADÁ

MÉXICO

HAWAI

Norte

Oeste

Este

Sur

5

Long Island es parte
de Nueva York. En las
costas de esta isla hay
muchas playas.

8

Las montañas de Catskill
y Adirondack cubren
gran parte de Nueva York.
El monte Marcy está en las
montañas de Adirondack.
Es el punto más alto
del estado.

Los bosques de Nueva York están llenos de pinos, abetos, arces azucareros y abedules.

El arce azucarero es el símbolo
del estado de Nueva York.

12

La mayor parte de las tierras de cultivo de Nueva York se encuentran en el norte y el oeste del estado. Los granjeros crían vacas y cultivan manzanas, maíz, heno y verduras.

Hay cientos de lagos en Nueva York.

Los Finger Lakes son los
lagos más conocidos
del estado.

La ciudad de Nueva York
es la más grande de todo
el estado. Allí viven cerca
de ocho millones de personas.

Uno de sus sitios más famosos es el edificio Empire State.

Albany es la capital de Nueva York. Se encuentra junto al río Hudson. Otras ciudades importantes son Buffalo, Rochester y Syracuse.

Albany

19

20

En las ciudades, la mayoría
de la gente trabaja en fábricas
o en oficinas. Las fábricas hacen
ropas y componentes electrónicos.

Nueva York también tiene pueblos pequeños. Red House es el pueblo más pequeño del estado. Sólo tiene 38 habitantes. La mayoría de las personas que viven en los pueblos pequeños de Nueva York trabajan como granjeros o como mineros.

23

24

Nueva York tiene nieve
en invierno y es cálido
en verano.

En Nueva York se pueden
encontrar animales como
osos negros, coyotes, zorros,
castores y puerco espines.

También se pueden encontrar muchos tipos de aves: pavos salvajes, petirrojos y gorriones. El azulejo es un símbolo del estado de Nueva York.

A muchos les gustan las ciudades bulliciosas y llenas de gente de Nueva York.

A otros les gustan los lugares
tranquilos en la naturaleza.
¿Cuál es tu lugar favorito?

Palabras que sabes

azulejo

edificio Empire State

tierras de cultivo

bosque

Long Island

montañas

ciudad de Nueva York

arce azucarero

31

Índice

abedules, 10

abetos, 10

Albany, 18

árboles, 10-11

arce azucarero, 10, 11

azulejos, 27

bosques, 10-11

Buffalo, 18

castores, 26

ciudad de Nueva York, 16-17

ciudades, 16-17, 18, 21, 28

clima, 25

coyotes, 26

cultivos, 13, 22

edificio Empire State, 17

fábricas, 21

Finger Lakes (los), 14

ganado, 13

gorriones, 27

industria, 21

lagos, 14

Long Island, 6

mapas, 5, 15

minería, 22

montañas, 3, 9, 10

montañas Adirondack, 3, 9

montañas Catskill, 9

monte Marcy, 9

océano Atlántico, 6

osos negros, 26

pájaros, 27

petirrojos, 27

pinos, 10

playas, 6

productos lácteos, 13

puerco espines, 26

Red House, 22

río Hudson, 18

ríos, 18

Rochester, 18

Syracuse, 18

zorros, 26

Acerca de la autora

Sarah De Capua es escritora y editora de libros para niños. Vive en Colorado.
La autora quiere agradecer a Edward Knoblauch y a Rachel Rubin de
La Enciclopedia del Estado de Nueva York por su ayuda cortés.

Créditos de las fotografías

Fotografías © 2004: Envision/Henryk T. Kaiser: 10, 30 abajo a la derecha; Peter Arnold
Inc./Robert Mackinlay: tapa; Photo Researchers, NY/Rafael Macia: 7, 31 arriba a la
izquierda; Superstock, Inc.: 14, 28; The Image Works: 21 (David Lassman), 29 (Daniel
Wray); Tom Till: 3, 8, 11, 31 abajo a la derecha, 31 arriba a la derecha; Visuals Unlimited:
25, 26 (Bill Banascewski), 19, 24 (Steve Callahan), 27, 30 arriba a la izquierda (Gary W.
Carter), 16, 17, 30 arriba a la derecha, 31 abajo izquierdo (Jeff Greenberg), 20 (D. Long),
12, 23, 30 abajo izquierdo (L.S. Stepanowicz), 13 (E. Webber).

Mapas de Bob Italiano